This Book Belongs To:

_____

_____

_____

Notes

A

Website _____
Username _____
Password _____
_____
Email _____
Notes _____

Website _____
Username _____
Password _____
_____
Email _____
Notes _____

Website _____
Username _____
Password _____
_____
Email _____
Notes _____

Website _____

Username _____

Password _____

_____

Email _____

Notes _____

Website _____

Username _____

Password _____

_____

Email _____

Notes _____

Website _____

Username _____

Password _____

_____

Email _____

Notes _____

Website _____

Username _____

Password _____

_____

Email _____

Notes _____

Website _____

Username _____

Password _____

_____

Email _____

Notes _____

Website _____

Username _____

Password _____

_____

Email _____

Notes _____

Website _____

Username _____

Password _____

_____

Email _____

Notes _____

Website _____

Username _____

Password _____

_____

Email _____

Notes _____

Website _____

Username _____

Password _____

_____

Email _____

Notes _____

Website _____

B

Username _____

Password _____

_____

Email _____

Notes _____

Website _____

Username _____

Password _____

_____

Email _____

Notes _____

Website _____

Username _____

Password _____

_____

Email _____

Notes _____

Website _____

Username _____

Password _____

_____

Email _____

Notes _____

Website _____

Username _____

Password _____

_____

Email _____

Notes _____

Website _____

Username _____

Password _____

_____

Email _____

Notes _____

Website _____

B

Username _____

Password _____

_____

Email _____

Notes _____

Website _____

Username _____

Password _____

_____

Email _____

Notes _____

Website _____

Username _____

Password _____

_____

Email _____

Notes _____

Website _____

Username _____

Password _____

_____

Email _____

Notes _____

Website _____

Username _____

Password _____

_____

Email _____

Notes _____

Website _____

Username _____

Password _____

_____

Email _____

Notes _____

C

Website _____

Username _____

Password _____

_____

Email _____

Notes _____

Website _____

Username _____

Password _____

_____

Email _____

Notes _____

Website _____

Username _____

Password _____

_____

Email _____

Notes _____

Website _____

Username _____

Password _____

_____

Email _____

Notes _____

Website _____

Username _____

Password _____

_____

Email _____

Notes _____

Website _____

Username _____

Password _____

_____

Email _____

Notes _____

C

Website _____

Username _____

Password _____

_____

Email _____

Notes _____

Website _____

Username _____

Password _____

_____

Email _____

Notes _____

Website _____

Username _____

Password _____

_____

Email _____

Notes _____

Website _____

Username _____

Password _____

_____

Email _____

Notes _____

C

Website _____

Username _____

Password _____

_____

Email _____

Notes _____

Website _____

Username _____

Password _____

_____

Email _____

Notes _____

Notes

_____

_____

_____

_____

_____

_____

_____

_____

_____

_____

_____

_____

_____

_____

_____

_____

Notes

D

Website _____

Username _____

Password _____

_____

Email _____

Notes _____

Website _____

Username _____

Password _____

_____

Email _____

Notes _____

Website _____

Username _____

Password _____

_____

Email _____

Notes _____

Website _____

Username _____

Password _____

_____

Email _____

Notes _____

Website _____

Username _____

Password _____

_____

Email _____

Notes _____

Website _____

Username _____

Password _____

_____

Email _____

Notes _____

D

Website _____

Username _____

Password _____

_____

Email _____

Notes _____

Website _____

Username _____

Password _____

_____

Email _____

Notes _____

Website _____

Username _____

Password _____

_____

Email _____

Notes _____

Website _____

Username _____

Password _____

_____

Email _____

Notes _____

_____

Website _____

Username _____

Password _____

_____

Email _____

Notes _____

_____

Website _____

Username _____

Password _____

_____

Email _____

Notes _____

_____

Website _____

Username _____

Password _____

_____

E

Email _____

Notes _____

Website _____

Username _____

Password _____

_____

Email _____

Notes _____

Website _____

Username _____

Password _____

_____

Email _____

Notes _____

Website _____

Username _____

Password _____

_____

Email _____

Notes _____

E

Website _____

Username _____

Password _____

_____

Email _____

Notes _____

Website _____

Username _____

Password _____

_____

Email _____

Notes _____

Website _____

Username _____

Password _____

_____

E

Email _____

Notes _____

_____

Website _____

Username _____

Password _____

_____

Email _____

Notes _____

_____

Website _____

Username _____

Password _____

_____

Email _____

Notes _____

_____

Website _____

Username _____

Password _____

_____

Email _____

Notes _____

_____

Website _____

Username _____

Password _____

_____

Email _____

Notes _____

_____

Website _____

Username _____

Password _____

_____

Email _____

Notes _____

_____

Website _____

Username _____

Password _____

_____

Email _____

Notes _____

_____

Website _____

Username _____

Password _____

_____

Email _____

Notes _____

_____

Website _____

Username _____

Password _____

_____

Email _____

Notes _____

_____

Website _____

Username _____

Password _____

_____

Email _____

Notes _____

Website _____

Username _____

Password _____

_____

Email _____

Notes _____

Website _____

Username _____

Password _____

_____

Email _____

Notes _____

Website _____

Username _____

Password _____

_____

Email _____

Notes _____

Website _____

Username _____

Password _____

_____

Email _____

Notes _____

Website _____

Username _____

Password _____

_____

Email _____

Notes _____

F

Website _____

Username _____

Password _____

_____

Email _____

Notes _____

Website _____

Username _____

Password _____

_____

Email _____

Notes _____

Website _____

Username _____

Password _____

_____

Email _____

Notes _____

Notes

Notes

Website _____

Username _____

Password _____

_____

Email _____

Notes _____

G

Website _____

Username _____

Password _____

_____

Email _____

Notes _____

Website _____

Username _____

Password _____

_____

Email _____

Notes _____

Website _____

Username _____

Password _____

_____

Email _____

Notes _____

Website _____

Username _____

Password _____

_____

Email _____

Notes _____

Website _____

Username _____

Password _____

_____

Email _____

Notes _____

Website _____

Username _____

Password _____

_____

Email _____

Notes _____

G

Website _____

Username _____

Password _____

_____

Email _____

Notes _____

Website _____

Username _____

Password _____

_____

Email _____

Notes _____

Website _____

Username _____

Password _____

_____

Email _____

Notes _____

Website _____

Username _____

Password _____

_____

Email _____

Notes _____

Website _____

Username _____

Password _____

_____

Email _____

Notes _____

Website _____

Username _____

Password _____

_____

Email _____

Notes _____

H

Website _____

Username _____

Password _____

_____

Email _____

Notes _____

Website _____

Username _____

Password _____

_____

Email _____

Notes _____

Website _____

Username _____

Password _____

_____

Email _____

Notes _____

Website _____

Username _____

Password _____

_____

Email _____

Notes _____

Website _____

Username _____

Password _____

_____

Email _____

Notes _____

Website _____

Username _____

Password _____

_____

Email _____

Notes _____

H

_____

Website _____

Username _____

Password _____

_____

Email _____

Notes _____

_____

Website _____

Username _____

Password _____

_____

Email _____

Notes _____

_____

Website _____

Username _____

Password _____

_____

Email _____

Notes _____

Website _____

Username _____

Password _____

_____

Email _____

Notes _____

Website _____

Username _____

Password _____

_____

Email _____

Notes _____

Website _____

Username _____

Password _____

_____

Email _____

Notes _____

I **Website** _____

Username _____

Password _____

_____

Email _____

Notes _____

Website _____

Username _____

Password _____

_____

Email _____

Notes _____

Website _____

Username _____

Password _____

_____

Email _____

Notes _____

I

Website _____

Username _____

Password _____

_____

Email _____

Notes _____

Website _____

Username _____

Password _____

_____

Email _____

Notes _____

Website _____

Username _____

Password _____

_____

Email _____

Notes _____

I **Website** _____

Username _____

Password _____

_____

Email _____

Notes _____

Website _____

Username _____

Password _____

_____

Email _____

Notes _____

Website _____

Username _____

Password _____

_____

Email _____

Notes _____

Website _____

Username _____

Password _____

_____

Email _____

Notes _____

Website _____

Username _____

Password _____

_____

Email _____

Notes _____

Notes

Notes

Website _____

Username _____

Password _____

_____

Email _____

Notes _____

J

Website _____

Username _____

Password _____

_____

Email _____

Notes _____

Website _____

Username _____

Password _____

_____

Email _____

Notes _____

Website _____

Username _____

Password _____

_____

Email _____

Notes _____

_____

Website _____

Username _____

Password _____

_____

Email _____

Notes _____

_____

Website _____

Username _____

Password _____

_____

Email _____

Notes _____

_____

Website _____

Username _____

Password _____

_____

Email _____

Notes _____

J **Website** _____

Username _____

Password _____

_____

Email _____

Notes _____

Website _____

Username _____

Password _____

_____

Email _____

Notes _____

Website _____

Username _____

Password _____

_____

Email _____

Notes _____

Website _____

Username _____

Password _____

_____

Email _____

Notes _____

Website _____

Username _____

Password _____

_____

Email _____

Notes _____

Website _____

Username _____

Password _____

_____

Email _____

Notes _____

Website _____

K

Username _____

Password _____

_____

Email _____

Notes _____

Website _____

Username _____

Password _____

_____

Email _____

Notes _____

Website _____

Username _____

Password _____

_____

Email _____

Notes _____

_____

Website _____

Username _____

Password _____

_____

Email _____

Notes _____

_____

Website _____

Username _____

Password _____

_____

Email _____

Notes _____

_____

Website _____

Username _____

Password _____

_____

Email _____

Notes _____

K

Website _____

Username _____

Password _____

_____

Email _____

Notes _____

Website _____

Username _____

Password _____

_____

Email _____

Notes _____

Website _____

Username _____

Password _____

_____

Email _____

Notes _____

_____

Website _____

Username _____

Password _____

_____

Email _____

Notes _____

_____

K

Website _____

Username _____

Password _____

_____

Email _____

Notes _____

Website _____

Username _____

Password _____

_____

Email _____

Notes _____

Website _____

Username _____

L Password _____

Email _____

Notes _____

Website _____

Username _____

Password _____

_____

Email _____

Notes _____

Website _____

Username _____

Password _____

_____

Email _____

Notes _____

Website _____

Username _____

Password _____

L

_____

Email _____

Notes _____

Website _____

Username _____

Password _____

_____

Email _____

Notes _____

Website _____

Username _____

Password _____

_____

Email _____

Notes _____

Website _____

Username _____

Password _____

_____

Email _____

Notes _____

Website _____

Username _____

Password _____

_____

Email _____

Notes _____

L

Website _____

Username _____

Password _____

_____

Email _____

Notes _____

Website _____

Username _____

Password _____

L

_____

Email _____

Notes _____

Website _____

Username _____

Password _____

_____

Email _____

Notes _____

Notes

Notes

Website

Username

Password

Email

Notes

Website

M

Username

Password

Email

Notes

Website

Username

Password

Email

Notes

Website _____

Username _____

Password _____

_____

Email _____

Notes _____

Website _____

Username _____

Password _____

_____

Email _____

Notes _____

M

Website _____

Username _____

Password _____

_____

Email _____

Notes _____

Website

Username

Password

Email

Notes

Website

Username

Password

M

Email

Notes

Website

Username

Password

Email

Notes

Website _____

Username _____

Password _____

_____

Email _____

Notes _____

Website _____

Username _____

Password _____

M

_____

Email _____

Notes _____

Website _____

Username _____

Password _____

_____

Email _____

Notes _____

Website

Username

Password

Email

Notes

Website

N

Username

Password

Email

Notes

Website

Username

Password

Email

Notes

Website _____

Username _____

Password _____

_____

Email _____

Notes _____

Website _____

Username _____

Password _____

_____

Email _____

Notes _____

N

Website _____

Username _____

Password _____

_____

Email _____

Notes _____

Website _____

Username _____

Password _____

_____

Email _____

Notes _____

Website _____

Username _____

Password _____

_____

N

Email _____

Notes _____

Website _____

Username _____

Password _____

_____

Email _____

Notes _____

Website _____

Username _____

Password _____

_____

    Email _____

    Notes _____

_____

Website _____

Username _____

Password _____

_____

N

    Email _____

    Notes _____

_____

Website _____

Username _____

Password _____

_____

    Email _____

    Notes _____

_____

Website _____
Username _____
Password _____

_____
Email _____
Notes _____

Website _____
Username _____
Password _____

O

_____
Email _____
Notes _____

Website _____
Username _____
Password _____

_____
Email _____
Notes _____

Website _____

Username _____

Password _____

_____

Email _____

Notes _____

Website _____

Username _____

Password _____

_____

Email _____

Notes _____

O

Website _____

Username _____

Password _____

_____

Email _____

Notes _____

Website _____

Username _____

Password _____

_____

Email _____

Notes _____

Website _____

Username _____

Password _____

_____

O

Email _____

Notes _____

Website _____

Username _____

Password _____

_____

Email _____

Notes _____

Website _____

Username _____

Password _____

_____

Email _____

Notes _____

Website _____

Username _____

Password _____

_____

Email _____

Notes _____

O

Website _____

Username _____

Password _____

_____

Email _____

Notes _____

Notes

Notes

Website _____

Username _____

Password _____

_____

Email _____

Notes _____

Website _____

Username _____

Password _____

_____

Email _____

P

Notes _____

Website _____

Username _____

Password _____

_____

Email _____

Notes _____

Website _____

Username _____

Password _____

_____

Email _____

Notes _____

Website _____

Username _____

Password _____

_____

Email _____

Notes _____

P

Website _____

Username _____

Password _____

_____

Email _____

Notes _____

Website _____
Username _____
Password _____
_____
Email _____
Notes _____

Website _____
Username _____
Password _____
_____
Email _____
Notes _____

P

Website _____
Username _____
Password _____
_____
Email _____
Notes _____

Website _____

Username _____

Password _____

_____

Email _____

Notes _____

Website _____

Username _____

Password _____

_____

Email _____

Notes _____

P

Website _____

Username _____

Password _____

_____

Email _____

Notes _____

Website _____

Username _____

Password _____

_____

Email _____

Notes _____

Website _____

Username _____

Password _____

_____

Email _____

Notes _____

Q

Website _____

Username _____

Password _____

_____

Email _____

Notes _____

Website _____

Username _____

Password _____

_____

     Email _____

     Notes _____

Website _____

Username _____

Password _____

_____

     Email _____

     Notes _____

Q

Website _____

Username _____

Password _____

_____

     Email _____

     Notes _____

Website _____

Username _____

Password _____

_____

Email _____

Notes _____

Website _____

Username _____

Password _____

_____

Email _____

Notes _____

R **Website** _____

Username _____

Password _____

_____

Email _____

Notes _____

Website

Username

Password

Email

Notes

Website

Username

Password

Email

Notes

R

Website

Username

Password

Email

Notes

Website _____
Username _____
Password _____
_____
Email _____
Notes _____

Website _____
Username _____
Password _____
_____
Email _____
Notes _____

R **Website** _____
Username _____
Password _____
_____
Email _____
Notes _____

Website _____

Username _____

Password _____

_____

Email _____

Notes _____

Website _____

Username _____

Password _____

_____

Email _____

Notes _____

Website _____

Username _____

Password _____

_____

Email _____

Notes _____

R

Notes

Notes

Website _____

Username _____

Password _____

_____

Email _____

Notes _____

Website _____

Username _____

Password _____

_____

Email _____

Notes _____

S ## Website _____

Username _____

Password _____

_____

Email _____

Notes _____

Website _____

Username _____

Password _____

_____

Email _____

Notes _____

Website _____

Username _____

Password _____

_____

Email _____

Notes _____

Website _____

Username _____

Password _____

_____

Email _____

Notes _____

S

Website _____
Username _____
Password _____
_____
Email _____
Notes _____

Website _____
Username _____
Password _____
_____
Email _____
Notes _____

S **Website** _____
Username _____
Password _____
_____
Email _____
Notes _____

Website _____

Username _____

Password _____

_____

Email _____

Notes _____

Website _____

Username _____

Password _____

_____

Email _____

Notes _____

Website _____

S

Username _____

Password _____

_____

Email _____

Notes _____

Website _____

Username _____

Password _____

_____

Email _____

Notes _____

Website _____

Username _____

Password _____

_____

Email _____

Notes _____

Website _____

T

Username _____

Password _____

_____

Email _____

Notes _____

Website _____

Username _____

Password _____

_____

Email _____

Notes _____

Website _____

Username _____

Password _____

_____

Email _____

Notes _____

Website _____

Username _____

Password _____

_____

Email _____

Notes _____

T

Website

Username

Password

Email

Notes

Website

Username

Password

Email

Notes

Website

T Username

Password

Email

Notes

Website _____

Username _____

Password _____

_____

Email _____

Notes _____

Website _____

Username _____

Password _____

_____

Email _____

Notes _____

Website _____

Username _____

Password _____

_____

Email _____

Notes _____

T

Website

Username

Password

Email

Notes

Website

Username

Password

Email

Notes

Website

U

Username

Password

Email

Notes

Website _____

Username _____

Password _____

_____

Email _____

Notes _____

Website _____

Username _____

Password _____

_____

Email _____

Notes _____

Website _____

Username _____

Password _____

U

_____

Email _____

Notes _____

Website _____

Username _____

Password _____

_____

Email _____

Notes _____

Website _____

Username _____

Password _____

_____

Email _____

Notes _____

Website _____

Username _____

Password _____

_____

Email _____

Notes _____

U

Website _____

Username _____

Password _____

_____

Email _____

Notes _____

Website _____

Username _____

Password _____

_____

Email _____

Notes _____

Website _____

Username _____

Password _____

_____

U

Email _____

Notes _____

Notes

Notes

Website _____

Username _____

Password _____

_____

Email _____

Notes _____

Website _____

Username _____

Password _____

_____

Email _____

Notes _____

Website _____

Username _____

Password _____

_____

Email _____

Notes _____

V

Website

Username

Password

Email

Notes

Website

Username

Password

Email

Notes

Website

Username

Password

Email

Notes

V

Website _____

Username _____

Password _____

_____

Email _____

Notes _____

Website _____

Username _____

Password _____

_____

Email _____

Notes _____

Website _____

Username _____

Password _____

V

Email _____

Notes _____

Website _____

Username _____

Password _____

_____

Email _____

Notes _____

Website _____

Username _____

Password _____

_____

Email _____

Notes _____

Website _____

Username _____

Password _____

_____

V

Email _____

Notes _____

Website _____

Username _____

Password _____

_____

Email _____

Notes _____

_____

Website _____

Username _____

Password _____

_____

Email _____

Notes _____

_____

Website _____

Username _____

Password _____

_____

W

Email _____

Notes _____

_____

Website _____

Username _____

Password _____

_____

Email _____

Notes _____

Website _____

Username _____

Password _____

_____

Email _____

Notes _____

Website _____

Username _____

Password _____

_____

Email _____

Notes _____

Website _____

Username _____

Password _____

_____

Email _____

Notes _____

Website _____

Username _____

Password _____

_____

Email _____

Notes _____

Website _____

Username _____

Password _____

W

Email _____

Notes _____

Website _____

Username _____

Password _____

_____

Email _____

Notes _____

Website _____

Username _____

Password _____

_____

Email _____

Notes _____

Website _____

Username _____

Password _____

_____

Email _____

Notes _____

Notes

Notes

Website

Username

Password

Email

Notes

Website

Username

Password

Email

Notes

Website

Username

Password

X

Email

Notes

Website

Username

Password

Email

Notes

Website

Username

Password

Email

Notes

Website

Username

Password

Email

X

Notes

Website _____

Username _____

Password _____

_____

Email _____

Notes _____

Website _____

Username _____

Password _____

_____

Email _____

Notes _____

Website _____

Username _____

Password _____

_____

Email _____

Notes _____

Y

Website

Username

Password

Email

Notes

Website

Username

Password

Email

Notes

Website

Username

Password

Email

Notes

Y

Website _____

Username _____

Password _____

_____

Email _____

Notes _____

Website _____

Username _____

Password _____

_____

Email _____

Notes _____

Website _____

Username _____

Password _____

_____

Email _____

Notes _____

Y

Website _____

Username _____

Password _____

_____

Email _____

Notes _____

Website _____

Username _____

Password _____

_____

Email _____

Notes _____

Website _____

Username _____

Password _____

_____

Email _____

Notes _____

Y

Website

Username

Password

Email

Notes

Website

Username

Password

Email

Notes

Website

Username

Password

Email

Notes

Z

Website _____

Username _____

Password _____

_____

Email _____

Notes _____

Website _____

Username _____

Password _____

_____

Email _____

Notes _____

Website _____

Username _____

Password _____

_____

Email _____

Notes _____

Z

Notes